NOTICE

SUR

LE P. BERTHIER

D'APRÈS SON ÉLOGE HISTORIQUE
PRONONCÉ A BOURGES PAR M. DE MONTJOYE

(Imprimerie royale 1817, in-8° XVI — 208 p.)

BOURGES
Imprimerie MARGUERITH-DUPRÉ, rue des Vieilles-Prisons, 8 et 10

1879

NOTICE SUR LE P. BERTHIER

NOTICE

SUR

LE P. BERTHIER

D'APRÈS SON ÉLOGE HISTORIQUE
PRONONCÉ A BOURGES PAR M. DE MONTJOYE

(Imprimerie royale 1817, in-8° XVI — 268 p)

BOURGES
Imprimerie MARGUERITH-DUPRÉ, rue des Vieilles-Prisons, 8 et 10

1879

N.-B. — On a suivi, pas à pas, dans cette notice, *l'Eloge historique du P. G.-F. Berthier, garde de la bibliothèque du Roi adjoint à l'éducation de LL. MM. Louis XVI et Louis XVIII, ouvrage posthume de M. Montjoye publié et dédié au Roi par M. Montjoie de Latouloubre neveu de l'auteur.* — in-8° de XVI - 208 p.

de l'imprimerie royale,

à Paris chez Mme Ve Petit.... 1817.

En transformant l'Eloge en notice, on a fait certains retranchements et modifié en plusieurs endroits, le style de l'auteur.

NOTICE SUR LE P. BERTHIER

Guillaume-François Berthier naquit à Issoudun le 7 avril 1704, il sembla que la Providence voulut, en le faisant naître à cette époque, préparer en sa personne un successeur au P. Bourdaloue qui mourut le 13 mai suivant. Ces deux hommes dont le Berry s'honore à juste titre, furent chacun dans des genres différents, d'éloquents défenseurs des vérités chrétiennes. Si le P. Bourdaloue remplit avec tant d'éclat et de succès le ministère de la parole, le P. Berthier, par ses écrits ne se rendit pas moins utile à la cause de la religion.

Le père de Guillaume-François exerçait la profession d'avocat; sa mère Catherine de l'Estang était alliée aux meilleures familles de la province.

Tous deux jouissaient d'une réputation méritée de probité et de vertu. Après avoir donné à leur fils les premières leçons de la religion, et lui avoir appris les éléments des lettres, ils comprirent qu'il fallait confier à des mains plus exercées le soin de féconder une terre qu'ils avaient sagement préparée, et qui d'elle-même promettait d'être fertile.

Ils n'eurent pas à balancer sur le choix de l'école. Le collège de Bourges était la meilleure de toutes celles de la province, et même une des meilleures de la France, car les jésuites se faisaient un point d'honneur de tenir dans ce collège d'excellents professeurs pour les opposer à ceux de l'université, avec laquelle ils avaient un combat de rivalité qui tournait au profit de l'enseignement.

Le jeune Berthier n'avait guère que douze ans, lorsqu'il entra au collège, il y apportait une innocence, une pureté de mœurs, une candeur et une ingénuité de caractère qu'il conserva toute sa vie.

A mesure qu'il avançait en âge, ses heureuses dispositions se développaient, et bientôt on conçut de lui des espérances que la suite ne démentit point. Il montra surtout une grande horreur pour le désœuvrement, beaucoup de goût pour les travaux de l'esprit, et une aptitude singulière pour toute espèce d'études; de sorte qu'on put dès lors conjecturer que, quelque fût le genre, soit en littérature, soit dans les sciences, auquel il se livrerait plus tard, il y réussirait avec une supériorité marquée.

A l'âge de dix-sept ans, toutes ses études étaient finies. Les triomphes qu'il avait obtenus dans ses diverses classes ne l'éblouirent pas; il ne pouvait les ignorer, mais, par un effet de cette modestie dont il a donné des preuves constantes durant toute sa vie, il n'attribua ses succès qu'aux soins qu'on avait pris de lui.

De là, naquit dans son cœur, une inaltérable reconnaissance pour tous ceux qui avaient contribué à son éducation. Il s'attacha même à la ville dans laquelle il avait fait son éducation, au point de la regarder comme sa véritable patrie et de désirer y finir ses jours, ce que la Providence lui accorda, comme nous le verrons dans la suite.

L'estime qu'il avait conçue pous ses maîtres et l'affection profonde qu'il avait pour eux, le déterminèrent à demander son admission dans la Compagnie de Jésus, ce qui lui fut accordé sans peine.

On l'envoya à Paris pour y faire son noviciat, mais par une exception unique peut-être, on le dispensa de la seconde année, tant on se tenait sûr de sa vocation, et tant, peut-être, était-on pressé aussi de mettre à l'œuvre un sujet de si grande espérance.

Après donc une année de noviciat, on l'envoya régenter à Blois, il avait à peine alors dix-neuf ans.

Le jeune professeur, pour se ménager plus de temps à donner aux études, s'imposa, dès son entrée dans la carrière de l'enseignement, de se lever tous les jours à deux heures du matin, et il demeura constamment fidèle à cette loi ; car nul homme n'eut jamais plus d'empire sur soi-même et ne fut plus ferme dans ses résolutions

Cinq heures de sommeil ; c'était tout ce qu'il accordait à son corps. Toutefois, quelque court que fut le temps qu'il donnait au repos, sa santé n'en fut point altérée, malgré les traverses qu'il eut à essuyer.

Doué d'une imagination vive, d'une conception facile, d'une mémoire singulièrement heureuse; on conçoit qu'il dût trouver, grâce au sage emploi des dix-neuf heures qui lui restaient, la facilité de pousser fort loin ses études.

Le jeune Berthier régenta à Blois toutes les classes, jusqu'à la rhétorique inclusivement.

Il avait trouvé, en arrivant dans ce collége, un préfet des études qui lui fut fort utile; c'était le P. Le Forestier, homme très instruit et qui avait un talent merveilleux pour guider les jeunes régents dans leurs études Il n'épargna pas ses soins au F. Berthier; il lui prodigua ses conseils qu'il appuyait de son propre exemple. Il lui traçait des plans, des méthodes, lui prescrivait des compositions qu'il corrigeait ensuite. Ce fut sous cet habile maître que le jeune Berthier se forma le goût, éleva son imagination, apprit à la régler et à saisir, dans ces compositions, une simplicité noble et élégante, aussi éloignée de ce qui est bas et rampant, que de l'enflure et de l'exagération. Le maître et le disciple devinrent amis intimes, et ils le furent jusqu'au tombeau. Lorsqu'on félicitait le disciple sur les succès de son enseignement ou sur la bonté de ses productions, il rapportait tout au P. Le Forestier avec la plus tendre effusion de reconnaissance. « Je lui dois tout, disait-il; c'est lui qui m'a appris à étudier avec ordre, avec fruit, qui m'a enseigné la méthode sans laquelle on ne peut travailler utilement. »

Le cours de régence chez les jésuites, c'était comme un second noviciat; quand il était fini, on passait deux années à étudier la logique, la physique, les mathématiques, c'est ce qu'on appelait le *Juvénat*. Ces deux années écoulées, on étudiait pendant cinq ans la théologie; et ce qui rendait cette seconde épreuve extrêmement pénible, c'est qu'il fallait, à la fois, se livrer aux études exigées pendant ces sept années et remplir, près des écoliers pensionnaires, les fonctions de maîtres d'étude et de surveillants; on était tenu, en outre, de prononcer en public des discours à des époques désignées, et de subir à la fin de chaque année, sur les matières qu'on étudiait, un long et sérieux examen qui décidait de l'admission dans le corps. Ces sept années terminées on faisait une nouvelle année de noviciat de même nature et aussi rigoureux que le premier. Ce n'était qu'alors qu'on était admis à prononcer les vœux solennels.

Ce fut dans le collége de Louis-le-Grand, à Paris, que le P. Berthier subit toutes ces épreuves. On l'envoya ensuite à Rennes professer la philosophie.

Luneau de Boisgermain, que le Berry compte parmi les écrivains estimables sortis de son sein (1), arriva en même temps que leP. Berthier à Rennes, pour y régenter la sixième. Luneau avait une imagination ardente, fougueuse, brûlait de tout savoir, et, en particulier, le grec. Dès que le P. Berthier sut qu'il était du Berry, il se fit son patron, son guide; il dirigea et régla ses études; il fut, pour le jeune régent, ce que le P. Le Forestier avait été pour lui.

« J'ai beaucoup connu Luneau, dit M. Montjoye : Il racontait que le P. Berthier, lui parlant de l'amour qu'il lui voyait pour le grec, ajouta : vous donnez beaucoup de temps à l'étude de cette langue, et cependant vous n'avancez pas; c'est que vous suivez une mauvaise méthode. Je vais vous en donner une au moyen de laquelle vous saurez, en trois mois, ce que vous n'auriez pas su, en deux ans, avee celle que vous suivez.

L'effet répondit à la promesse, au bout de trois mois, Luneau soutint, en présence de ses con-

(1) Luneau de ! Boisgermain était d'Issoudun, comme le P. Berthier. Né en 1732, il fit ses études au collége des Jésuites à Bourges, entra dans la Compagnie de Jésus, régenta quelque temps les classes inférieures, et abandonna la Société pour s'établir à Paris, où il mourut le 25 décembre 1801. Il a beaucoup écrit et sur des sujets assez variés, et jusque sur *l'éducation des lapins*. La plupart de ses ouvrages ont trait, cependant, à la littérature, l'enseignement de l'histoire, les langues.

frères réunis, un exercice en grec : la chose parut fort extraordinaire, on disait en l'entendant, que le P. Berthier l'avait soufflé et qu'il répétait de mémoire une leçon qu'on lui avait apprise, mais on fût obligé de revenir du préjugé lorsqu'on se fût convaincu par des preuves certaines que le discours grec était bien de lui, et que, peut-être, il savait mieux cette langue que plusieurs de ceux qui y paraissaient le plus habiles. De Rennes, le P. Berthier revint à Paris professer la théologie.

En 1742 ses supérieurs bien instruits de la multitude de connaissances qu'il avait acquises ; et qui savaient quelle était la pureté et l'élégance de son style, jugèrent à propos de l'employer à un travail qui demandait en quelque sorte un esprit universel. Ils voulurent qu'il coopérât à la rédaction du journal de Trévoux

Trévoux était la capitale de la petite principauté de Dombes, on avait établi dans cette ville une imprimerie. Les jésuites proposèrent pour occuper cette imprimerie et procurer à la ville une certaine réputation qui contribuerait à sa prospérité, d'alimenter les presses avec un journal littéraire. La proposition fut agréée et ceux qui l'avaient faite s'étant chargés de l'exécution du projet, commencèrent leur travail en 1701 et donnèrent à leur publication le titre de *Mémoires pour l'histoire des sciences et des beaux arts*. Jamais titre ne fut mieux rempli, toutes les sciences, tous les arts libéraux, toutes les langues, tant vivantes que mortes, composaient le domaine de ce journal. Il en paraissait tous les mois un cahier *in-12*, de huit cents et quelques pages, le prix du cahier n'était que de 16 sous, ce qui ne portait pas à 10 fr., le prix de l'année entière, on voit que ce n'était pas une œuvre de spéculation commerciale.

Le journal de Trévoux fut, dès sa naissance, parfaitement accueilli du public auquel il était destiné, sa critique était modérée quoique juste ; la gravité, la décence, la politesse, l'impartialité, furent constamment son caractère distinctif, ce qui, pourtant, n'empêcha pas qu'il ne fît des mécoutents, pouvait-il en être autrement?

Le P. Berthier se conforma, sans peine, à à l'exemple qui lui avait été donné par ses prédécesseurs, il se renferma toujours dans la critique des ouvrages, et s'il lui arriva de parler des personnes ce ne fut que quand il avait des éloges mérités à leur donner.

En entrant dans cette nouvelle carrière il eut pour coopérateurs les PP. Routh, Piesse, Flérinson, et Math, tous les quatre très dignes de le seconder; mais ses supérieurs voulurent que non seulement il fut l'un des rédacteurs, en outre ils lui conférent la direction de tout le travail.

Placé en présence des Voltaire, des d'Alembert, des Rousseau, des Diderot, des Raynal, en un mot de toute l'armée qu'on appelait alors philosophique, il ne fit grâce à aucune erreur, bien qu'il ménageât les personnes. Il attaqua avec courage les mauvaises doctrines que les prétendus philosophes s'efforçaient de répandre, mais il le fit avec une force de raison si supérieure, une logique si lumineuse, une érudition si sûre qu'on n'eut jamais rien de solide à lui répliquer.

De tous ceux que le P. Berthier se trouvait dans la nécessité de critiquer, Voltaire était sans contredit le plus irascible. Cet écrivain malheureusement trop célèbre par le mal qu'il a fait, était d'une vanité excessive, il voulait tout dire et exigeait qu'on approuvât et qu'on louât jusqu'à la flatterie, tout ce qu'il disait. Lorsqu'il publiait un ouvrage, il ne s'irritait pas moins contre ceux qui n'en parlaient pas, où qui se bornaient à une analyse sèche et impartiale, que contre ceux qui le censuraient. On conçoit qu'avec une telle disposition d'esprit, il devait être très-attentif sur tout ce qui s'écrivait de lui dans le journal de Trévoux. Plus ce journal avait de réputation, plus il s'indignait de n'y être pas constamment présenté comme le héros de tous les genres de littérature. Quelques causes particulières le rendirent surtout injuste envers le P. Berthier, M. de Montjoye en signale trois entre autres qui contribuèrent à indisposer le vaniteux écrivain contre son impartial critique.

Il parut dans le public une petite brochure ayant pour titre : *Panégyrique de Louis XV*: elle était anonyme, et il serait très possible que le P. Berthier n'eût pas soulevé le voile derrière lequel l'auteur se tenait caché; dans tous les cas, voici comment il rendit compte de ce petit écrit : « On voit bien que c'est l'ouvrage d'un jeune homme, il aime trop les antithèses, et cherche trop à montrer de l'esprit ; mais à tout prendre, il annonce des dispositions heureuses ». C'était dire assez clairement qu'on regardait l'auteur comme un écolier. En lisant cet article, qu'il prit pour une raillerie mordante, le patriarche de Ferney entra dans une colère qui lui fit perdre toute retenue ; il jeta son masque, se montra à découvert, s'avoua l'auteur du panégyrique, et s'emporta contre le P. Berthier auquel, dès ce moment, il déclara une guerre à outrance.

Dans une autre occasion le P. Berthier eut à rendre compte d'un ouvrage où Voltaire n'était pas nommé, mais où on le désignait par ces mots : *le rival d'Homère et de Sophocle*. Quand le P. Berthier en fut à ces mots, il se borna a mettre en note : *nous ne le connaissons pas* ; ces mots furent pris par Voltaire pour une sanglante épigramme qu'il ne pardonna jamais, et qui, chaque fois qu'il se la rappelait, lui inspirait une diatribe contre le journaliste.

Voici la troisième cause signalée par M. Montjoye, de la haine portée par Voltaire au P Berthier. Le poëte avait composé sur la mort de la princesse de Bareith, une ode dans la quelle il faisait un pompeux éloge de la loi naturelle, de la philosophie et des philosophes. Elle se terminait par trois strophes virulentes contre les critiques. Il accompagna son ode d'une sorte de dissertation en prose contre ces mêmes critiques dans la quelle le P. Berthier n'était pas épargné et était même traité de *polisson*, injure que Voltaire employait très volontiers quand il attaquait ses adversaires. Ici elle s'adressait à un saint religieux, à un savant respecté, à un homme qui honorait plus qu'aucun autre la profession des lettres, elle ne pouvait atteindre celui contre lequel elle était proférée, elle retombait tout entière sur son auteur qui la méritait parfaitement.

Le P. Berthier rendit compte de l'ode et de la dissertation qui l'accompagnait ; sa critique est calme et la passion ne lui ferme pas les yeux sur les bonnes choses contenues dans la pièce qui « prise dans son tout, ne manque ni de chaleur ni d'élévation. » Cependant il ne pouvait tout approuver, mais il ne laissa percer dans la censure ni amertume ni animosité contre un adversaire qui avait mêlé à son attaque l'injure, la moquerie et le mépris.

Voltaire répondit à l'article du P. Berthier, non par des raisons, il ne le pouvait pas, mais par des insultes, c'était sa méthode. Le jésuite ne répliqua pas, il prisait trop son temps pour en perdre la moindre partie à s'occuper de pamphlets. Il fut le premier à rire des satires et des facéties que la malignité de Voltaire lui inspira contre lui, et toutes ces drôleries méchantes qui n'affaiblissaient en rien la haute considération dont il jouissait, ne portaient point l'amertume dans son âme. « Il s'est égayé sur mon compte, disait-il, il a même écrit contre moi un poëme : C'est un beau génie... tous les jours je prie Dieu pour lui au saint sacrifice de la messe. Je ne puis que m'humilier et m'affliger de ce que mes prières ne sont pas agréables à Dieu. »

Voltaire est peut-être, parmi les gens de lettres, le seul qui se soit déclaré publiquement et avec persévérance l'adversaire du P. Berthier; quoique les prétends philosophes dont il était le chef, n'aimassent pas plus que lui le savant religieux, ils le redoutaient, et ne pouvant s'empêcher d'admirer la force de sa logique et la solidité des raisons qu'il apportait pour appuyer ses jugements, ils se taisaient devant le public et réservaient leurs railleries pour les lettres qu'ils s'écrivaient et les cercles où ils étaient admis.

J.-J. Rousseau, dont les opinions souvent paradoxales et hétérodoxes n'étaient pas plus épargnées daus le journal de Trévoux que celles de Voltaire, n'écrivit jamais une ligne contre le P. Berthier pour lequel même il faisait profession ouverte d'estime et de vénération. S'il ne se rendait pas toujours aux raisons du critique, il conconvenait du moins que ses intentions étaient bonnes et que sa manière de traiter les écrivains qu'il réfutait ne pouvait être plus convenable.

Ce n'est pas le seul hommage que reçut le P. Berthier, mais le plus flatteur fut, sans doute, le cas qu'on ne tarda pas à faire de sa rédaction dans toute l'Europe. Il n'y eut pas une société littéraire ou savante, pas un homme de lettres ou un savant qui ne voulut avoir son journal, qui ne le lût, qui n'en fit son profit.

La haute réputation que le P. Berthier s'acquît parmi les gens de lettres lui attira un surcroit de travail qu'un homme ordinaire et moins laborieux que lui n'eût pu supporter. On lui écrivait de toutes parts pour le consulter, il lisait tout et répondait exactement : ce n'était là qu'un accessoire, car il fallait en même temps surveiller le travail de ses coopérateurs, et s'occuper de sa propre rédaction. Il lui fallait lire un nombre considérable d'ouvrages écrits en toutes les langues, sur toutes sortes de matières ; il les lisait attentivement, les méditait afin d'en porter un jugement sûr et motivé. Ajoutez à cela les nombreuses visites qu'il recevait, les exercices de piété qui lui étaient commandés par son état et par sa propre dévotion, et vous aurez, sans doute, peine à concevoir qu'un seul homme pût suffire à porter un fardeau dont tout autre eut été écrasé.

Cependant un nouveau travail devait lui être imposé.

Les jésuites avaient entrepris l'histoire de l'Eglise gallicane. Commencée par le P. Longueval, elle avait été après sa mort, continuée par le P. Brumoi qui ne put y consacrer que les deux dernières années de sa vie (1740-1742) il avait eu le temps, dans le cours de ces deux années, de composer en entier le douzième volume, et en outre la fin du onzième, dont le P. Fontenai avait fait le commencement.

Ce n'était pas une petite gloire de remplacer un écrivain aussi distingué que le P. Brumoi, justement célèbre dans les annales de la littérature. Les jésuites jugèrent que nul n'était plus digne de cette gloire que le P. Berthier, et ils le chargèrent de continuer le travail que la mort du P. Brumoi laissait imparfait.

On sait tout ce que demande de recherches, d'érudition, de critique la composition d'un ouvrage historique. Le P. Berthier fit marcher de front ce nouveau travail avec la rédaction du journal sans que celui-ci en souffrît ; et aux deux volumes terminés par le P. Brumoi il en ajouta six autres dont le dernier qui finissait à l'an 1629, et qui était le dix-huitième de l'ouvrage, parut en 1749.

A ces préoccupations si nombreuses et si accablantes, le P. Berthier voyait s'en ajouter accidentellement beaucoup d'autres que sa charité ne lui permettait pas de refuser. Plusieurs évêques pleins d'estime pour son rare mérite, le consultaient et employaient sa plume. Il consacra particulièrement, sans réserve, à Mgr de Beaumont archevêque de Paris, pour lequel il était pénétré de la plus haute vénération, ses talents, ses connaissances et ses veilles.

Dans l'intérieur de la maison qu'il habitait, le P. Berthier était l'ami et le confident de ses jeunes confrères; il réglait et dirigeait leurs études, leur indiquait les lectures qu'ils avaient à faire; et la manière dont ils devaient les faire; il écoutait le compte qu'ils lui en rendaient, leur donnait des plans, leur apprenait à les remplir, leur suggérait des idées, des moyens, leur donnait des encouragements, examinait leurs compositions et les corrigeait. Sa modeste cellule, où il n'eut jamais de feu, même dans les froids les plus rigoureux, était ouverte à toute heure du jour, à quiconque avait recours à lui. Il était distrait et interrompu à chaque instant et toujours on lui trouvait une douceur inaltérable. Il ne témoignait jamais ni humeur, ni ennui, ni impatience; il quittait et reprenait la plume avec une facilité prodigieuse; ce qui prouve le grand empire qu'il avait acquis sur lui-même.

Ce fut au sein de ces occupations multipliées,

sans cesse renaissantes, que le P. Berthier parvint à sa cinquante-huitième année, date tristement célèbre en France par la proscription des jésuites. L'arrêt qui frappait la compagnie de Jésus fut porté au mois de mai 1762, et devait avoir son entière exécution au mois d'août suivant. Qu'allait devenir le journal de Trévoux? c'était la préoccupation de tous les gens de lettres. M. de Lamoignon, chancelier de France, promit au P. Berthier, s'il voulait continuer à rédiger cette feuille, un logement à la bibliothèque du Roi et une pension de 1.500 livres ; le P. Berthier repoussa ses offres avec respect, mais de manière à lui faire entendre que jamais il n'en accepterait de semblables.

Le terrible coup porté à la société qui méritait si peu une pareille injustice, le convainquit mieux que tout ce qu'il avait vu et lu jusqu'alors de l'instabilité de tout ce qui dépend des hommes ; il ne voulut plus avoir de commerce qu'avec le ciel, il se livra tout entier à ses exercices de piété, et songea à se retirer entièrement du monde en s'ensevelissant à la Trappe; mais, malgré ses instances deux fois réitérées, on ne voulut pas l'y recevoir.

« Dieu me garde, lui dit le P. Abbé, de contribuer à enfouir dans la retraite, des talents et des vertus qui sont dignes du plus grand jour ! » De son côté, le général des jésuites auquel il s'adressa pour obtenir son agrément, refusa de le donner, dans l'espoir que l'orage passerait, et qu'il pourrait se servir utilement d'un sujet si précieux. Le P. Berthier dut donc se résigner ; « hélas ! disait-il, je n'étais pas digne de la faveur que je sollicitais. »

Obligé de renoncer à son habit, à ses amis, aux habitudes de toute sa vie, à tout ce qu'il avait de plus cher, il fit ce terrible sacrifice sans se plaindre et sans murmurer. Plusieurs personnes s'empressèrent de lui offrir un asile et des secours d'argent ; il refusa tout, résolu à se contenter des 400 livres de pension que le Parlement adjugea aux jésuites profès. Il se fit une vie d'Anachorète, partageant tout son temps entre les exercices de piété, la méditation et l'étude des langues orientales, afin d'acquérir une connaissance plus parfaite des livres saints.

Tandis que le P. Berthier ne songeait qu'à vivre inconnu, Dieu avait sur lui d'autres desseins.

Louis XV, au nom duquel les cours souveraines rendaient leurs arrêts, et qui était, par conséquent, censé avoir ordonné la destruction des jésuites, avoir déclaré leur institut infâme, abominable, propre seulement à former des scélérats, voulait avoir un de ces prétendus monstres pour en faire le précepteur des princes, ses petits-fils. Ayant manifesté son intention au comte de Saint-Florentin, ministre de Paris, celui-ci écrivit au duc de la Vauguyon, gouverneur des enfants de France, pour lui notifier les désirs du Roi, une lettre où il loue *la probité, les grands talents et la sagesse du P. Berthier.*

Le duc de la Vauguyon s'empressa de transmettre cette lettre au modeste Jésuite dans son humble retraite, en lui annonçant, en même temps, que Sa Majesté l'attachait à sa bibliothèque.

Le P. Berthier fut très étonné de cette nomination inattendue ; mais après quelques hésitations sur le parti qu'il avait à prendre, il se résigna à accepter le poste honorable que le Roi lui proposait, et où il lui sembla qu'il pouvait se rendre utile.

Il parut donc à la Cour : il y parut sous l'habit ecclésiastique, ayant été, comme tous ses confrères, dépouillé de celui que lui donnait son Institut. Louis XV, en le voyant, sourit comme s'il l'eût connu depuis longtemps, et lui adressa, pour tout compliment, ces paroles qui, dans sa bouche, durent paraître un peu singulières : « Je vous assure, Père Berthier, que cet habit ne vous sied point mal. » Chez le Dauphin, les choses se passèrent autrement. Ce prince le reçut dans son cabinet, et, après lui avoir dit des choses très obligeantes, il le força, malgré toutes ses résistances, à s'asseoir pour s'entretenir avec lui. La conversation ne dura pas moins de trois heures, pendant lesquelles le Dauphin parla religion, histoire, philosophie, belles-lettres, sciences et arts avec tant de facilité, de goût et de jugement, que le P. Berthier en demeura émerveillé. C'est lui-même qui a raconté cette entrevue. « Je me souviens, entre autres, ajoute-t-il, que voulant avoir mon opinion sur le livre de l'*Esprit*, de M. Helvétius, le prince présenta verbalement une analyse si bien faite, qu'avec beaucoup de travail je n'aurais pu mieux faire. » Il lui parla aussi du dictionnaire de musique que Rousseau venait de publier et qui faisait alors beaucoup de bruit dans le monde, il passa en revue toutes les branches des connaissances humaines, et se convainquit de la capacité et de la science de celui auquel il voulait confier l'éducation de ses enfants.

La conversation finie, le Dauphin demanda au P. Berthier de lui exposer franchement quelle était sa position actuelle, et quelles étaient ses ressources. Le bon religieux le fit avec simplicité. Le prince, alors, lui dit très gracieusement : « Je vous prie, ou plutôt je vous ordonne, car je vois bien qu'avec vous il faut ordonner, de vouloir bien accepter cinquante louis et un logement à Versailles. Le P. Berthier reçut en effet les cinquante louis, et l'entrevue se termina de la sorte. Mais très peu de jours après, le sort du P. Berthier fut fixé. Le duc de la Vauguyon lui annonça, de la part du Roi, que Sa Majesté l'avait nommé adjoint à l'éducation des Enfants de France et garde de sa bibliothèque, et que, pour ces deux places, elle lui accordait une pension de 4,000 livres, dont il a joui jusqu'à sa mort.

Le P. Berthier dut aller remercier le Roi qui lui fit l'accueil le plus obligeant et s'entretint longtemps avec lui; l'entretien fini, Louis XV, se tournant vers vers ses courtisans, leur dit : « Je viens d'entretenir un des savants les plus estimables de mon royaume. »

Il eut aussi l'honneur d'avoir plusieurs conversations particulières avec la Reine. Cette princesse, modèle de toutes les vertus, faisait un cas tout particulier du P. Berthier. Elle avait la bonté de regarder comme des moments heureux, ceux où elle pouvait jouir de sa conversation.

Mgr le Dauphin lui accordait toute sa confiance, et Mme la Dauphine avait pour lui la plus grande estime. Elle venait assez souvent assister aux leçons qu'il donnait aux jeunes princes et traitait le précepteur avec une extrême affabilité.

Le Dauphin, qui ne le cédait pas à son épouse pour la respectueuse estime envers le P. Berthier, voulut, dès le commencement, habituer ses fils à le traiter avec tous les égards qui lui étaient dûs. « Dans un des premiers jours où j'étais entré en fonctions, racontait le P. Berthier lui-même, Mgr le Dauphin vint dans le cabinet où je donnais leçon aux jeunes princes. Il me trouva, comme il semblait que cela devait être, debout et découvert : les princes m'écoutaient assis et couverts. Mgr le Dauphin entra dans une sorte de colère ; il était réellement fâché. Comment ! cria-t-il à ses enfants, vous souffrez que le P. Berthier se tienne debout et découvert. et vous, vous osez, en sa présence, vous tenir assis et couverts ! Que cela n'arrive plus. Levez-vous, messieurs, ôtez vos chapeaux, et vous, P. Berthier, asseyez-vous dans ce fauteuil, et couvrez-vous, je l'ordonne. J'ordonne que cela soit ainsi, chaque fois que vous donnerez vos leçons. Il n'y eut pas moyen (continuait le P. Berthier) de désobéir : le prince était trop fâché ; et ce qu'il avait ordonné eut toujours lieu dans la suite. »

Au milieu du faste et des délices de la cour, le P. Berthier continuait à mener son genre de vie accoutumé, la vie d'un saint prêtre et d'un religieux exemplaire. Il se tenait constamment renfermé dans ses fonctions, ne se mêlant que de ce qui le concernait ; hors de là, retiré dans son appartement, il partageait son temps entre la prière et l'étude. Modeste, prudent, discret, poli, obligeant, prévenant envers tout le monde, il plaisait à tous, était aimé et respecté, et son exemple servait à tous ceux qui le voyaient comme d'une prédication continuelle.

Le calme dont le P. Berhier jouissait auprès de ses augustes élèves, dura dix-huit mois, c'est-à-dire jusqu'en mars 1764. A cette époque, les choses changèrent encore une fois de face pour lui.

Non contents d'avoir détruit en France, la Société des Jésuites, les ennemis de cet ordre voulaient encore en poursuivre les membres dispersés. Par une combinaison que la haine seule pouvait suggérer, on les mit dans l'alternative, ou de se déshonorer aux yeux de Dieu et des hommes, ou de se bannir à perpétuité du royaume.

On leur ordonna de prêter un serment par lequel ils s'engageraient à n'avoir de leur vie aucune relation ni entre eux ni avec leur Général, et reconnaitraient que l'Institut des Jésuites (que le Concile de Trente avait déclaré saint et pieux) n'était qu'un code d'infamie et de corruption.

On était bien convaincu que les Jésuites ne se rendraient point coupables de cet excès de lâcheté et d'impiété ; mais de leur désobéissance s'en suivait le bannissement, et c'était tout ce qu'on demandait. Il fallut donc que le P. Berthier optât entre la prestation du serment et le bannissement. On pense bien qu'il n'hésita pas. Rien ne lui manquait à la Cour, mais il n'avait jamais eu l'intention de s'y fixer, et il s'était toujours tenu prèt à aller partout où la Providence l'appellerait. Ce nouveau coup, sans doute, l'affligea infiniment pour ses confrères ; mais quant à ce qui le regardait personnellement, il ne fut point ému : il était tout disposé à quitter ce brillant séjour qu'il n'avait pas choisi de lui-même et à endurer de nouvelles traverses. Ce qui l'étonnait, c'est que, ni de la part du Dauphin, ni de la part du Roi, on ne lui faisait rien dire. Le silence durant plus longtemps qu'il ne s'y était attendu, il se décida à le rompre lui-même. Il s'ouvrit à Mgr le

Dauphin ; il lui représenta que son devoir voulait qu'il suivit la fortune de ses confrères ; qu'un plus long retard pourrait être mal interprété ; qu'il lui importait de prouver, par une prompte retraite, qu'il était loin de transiger sur le serment qu'on lui demandait ; enfin, qu'il ne lui paraissait nullement convenable de rester sous les yeux du Roi, au nom duquel l'arrêt avait été rendu ; que ce serait, en quelque sorte, braver au pied du trône les ordres du Souverain.

Mgr le Dauphin approuva ses raisons. Les yeux baignés de larmes, il lui accorda son audience de congé et accompagna son dernier adieu d'un témoignage de l'affection la plus sincère. Le P. Berthier ne quitta le prince qu'avec une profonde émotion ; il écrivait à un de ses amis au sortir de cette audience : « Le souvenir des bontés dont je viens d'être comblé m'a pénétré : elles ne s'effaceront jamais de mon cœur ; elles me consolent d'avance de toutes les traverses qui peuvent m'attendre.

Rien ne le retenant plus, il quitta Versailles et dirigea sa route vers Strasbourg où le cardinal de Rohan l'accueillit avec la distinction la plus honorable. Il passa ensuite le Rhin et se rendit à Rastadt, où le margrave de Baden-Baden, prince catholique, lui offrit avec empressement tout ce qui pouvait contribuer à adoucir son exil. Il demrnda au prince la permission de se retirer à Bade même, où il y avait un collége de son ordre; elle lui fut accordée.

Le P. Berthier ne resta pas longtemps à Bade. Il avait trouvé dans cette ville un de ses confrères, le P. de la Noue, d'Orléans, exilé comme lui. Ce Père était avancé en âge et accablé d'infirmités; le P. Berthier lui rendait, jour et nuit, tous les soins que lui suggérait l'amitié la plus tendre secondée par une ardente charité; mais malgré tous ses soins l'état du malade empirait chaque jour et on crut qu'il serait à propos de le transporter à Offenbourg où il jouirait d'une température plus salubre. Le P. Berthier ne voulut pas l'abandonner et il le suivit dans sa nouvelle résidence.

Nul autre séjour, dans sa position ne pouvait mieux lui convenir. Offenbourg est une jolie petite ville à cinq lieues seulement de Strasbourg. Le P. Berthier était encore là en pays catholique, et cette proximité d'une grande ville de France faciliterait les relations qu'il était obligé de conserver avec son ingrate patrie, tant pour sa consolation que pour ses besoins. Il résolut donc de fixer là son séjour, et se traça en conséquence un plan de conduite auquel il se promit d'être fidèle. Il dirigea son travail de cabinet vers l'étude exclusive de la religion. Il avait pour cela de grandes avances, la langue grecque, la latine et toutes les langues vivantes de l'Europe lui étaient familières, mais comme il ne s'était pas exercé dans l'hébreu et les autres langues orientales, il resolut de s'y adonner entièrement et de renoncer, dès ce moment, aux lettres humaines qui avaient fait jusque là sa principale occupation.

Tout son temps se trouva partagé entre la prière, la méditation, la célébration de la sainte messe, ses exercices de piété, les soins qu'il rendait à son ami, son étude favorite, et la composition de quelques écrits que Mgr le Dauphin lui faisait demander par le duc de la Vauguyon.

Cependant l'Impératrice Marie-Thérèse invita à plusieurs reprises le P. Berthier à venir habiter Vienne, et les instances réitérées de cette princesse parurent un moment l'ébranler, car il écrivit au Roi pour lui en demander la permission ; mais quoique Sa Majesté lui eût fait répondre par le duc de la Vauguyon, qu'elle consentait bien volontiers à ce voyage, il pensa. après de plus mûres réflexions faites au pied de son crucifix, qu'il valait mieux ne rien changer à sa situation actuelle.

Pendant qu'il était à Offenbourg, il reçut des personnes les plus éclairées de la cour une marque d'estime des plus flatteuses ; ce fut le sacre de Louis XVI qui y donna lieu.

Mgr de la Roche-Aimon, archevêque de Reims, se trouvait dans un état d'infirmité qui ne permettait pas de croire qu'il pût supporter la fatigue d'une cérémonie aussi longue que celle du sacre. Mgr de Talleyrand-Périgord, alors coadjuteur de Reims, prétendit qu'à défaut de l'archevêque, le droit de sacrer le nouveau Roi lui appartenait. L'évêque de Soissons soutenait, au contraire, que c'était à lui de jouir de ce glorieux privilége. Les deux prélats émirent leurs raisons. Le Conseil d'Etat les pesa mûrement, délibéra longtemps, et ne se crut pas assez éclairé pour prononcer en faveur de l'un ou de l'autre prétendant. On consulta les hommes les plus érudits de France, les jurisconsultes les plus savants ; on écrivit beaucoup de part et d'autre, et la question restait toujours indécise. Il fallait cependant la résoudre. Après avoir épuisé toutes les lumières, on prit enfin le parti de s'adresser au P. Berthier, comme à un oracle infaillible. Il composa sur cette matière un mémoire lumineux, et se prononça en faveur du Coadjuteur de Reims. Ses arguments étaient si convaincants, qu'il ne fut pas possible de ne pas s'y rendre ; sa décision fut adoptée. Mais avant de le faire solennellement, on crut devoir, pour y préparer les esprits, faire imprimer le mémoire du P. Berthier. On le publia sans sa permission, et quoiqu'on ne nommât point l'auteur, sa modestie en fut alarmée. « On m'a fait manquer, disait-il, à la résolution que j'avais prise moi-même, de ne plus rien faire imprimer. »

Quoique le P. Berthier jouit à Offenbourg d'une grande tranquillité ; et que l'immense considération dont il était l'objet dût l'attacher à ce pays où il avait reçu un si bon accueil, néanmoins, il se sentait dans l'exil et son cœur penchait vers la patrie ; il adressait des vœux au ciel pour qu'il lui fût permis de la revoir avant de descendre au tombeau ; il en conservait l'espoir qu'il faisait partager au P. de la Noue dont la santé semblait réclamer, pour se rétablir, les heureuses influences de l'air natal. Cet espoir se ranima lorsqu'ils apprirent que Louis XVI était monté sur le trône. Le P. Berthier se flattant que son auguste élève, s'il conservait de lui quelque souvenir, ne lui refuserait pas la faveur de rentrer en France, s'adressa, afin d'en obtenir la permission pour lui et pour son compagnon, à M. de Malesherbe, alors ministre de la cour et de Paris, et ce ministre la leur envoya dans les termes les plus obligeants.

Ils quittèrent donc Offenbourg, vivement regrettés des habitants, et prirent la route de Paris. Ils y arrivèrent au mois de juin 1776, y passèrent quinze jours, et se séparèrent. Le P. de la Noue se rendit à Orléans lieu de sa naissance, et le P. Berthier à Bourges, auprès de son frère et de son neveu, tous deux chanoines de la Métropole, remerciant la Providence de lui avoir ménagé, dans sa vieillesse, un asile qui était si fort selon son cœur (1).

Libre de tout souci pour sa subsistance, il ne pensa plus qu'à ses livres et à sa sanctification. Cependant la piété et l'application à l'étude ne le rendaient point farouche, prétentieux, raide et peu sociable. Au contraire, son humeur toujours égale, enjouée même, le faisait aimer de tout le monde, et si l'étendue de sa science le faisait admirer, ses vertus et sa bonté le faisaient chérir. Il se prêtait avec une aimable gaieté aux entretiens honnêtes quelqu'en fût le sujet, il ne parlait d'érudition qu'autant qu'il y était contraint, et

---

(1) « Il vint, dit M. de Montjoye dans la rue de la Cage-Verte, habiter la maison qu'occupe aujourd'hui M. le Recteur de l'Académie. »

dans ces occasions, il évitait avec soin le ton pédant, donnant lieu à ses interlocuteurs d'admirer autant sa modestie que son savoir.

La tradition nous a conservé, à ce sujet, le souvenir de quelques anecdotes, dont M. de Montjoye s'est fait l'écho.

Se trouvant un jour chez Mgr l'Archvêque de Bourges où il y avait une nombreuse compagnie, un officier supérieur qui en faisait partie, mit la conversation sur l'article de la guerre. Le P. Berthier prit volontiers part à cet entretien dont le sujet ne semblait pas devoir lui être familier, il en parla toutefois si pertinemment que l'officier l'écoutait avec le plus grand étonnement et la plus vive satisfaction. Enfin, se baissant vers l'oreille de l'Archevêque, il le pria de lui dire dans quel grade cet ecclésiastique avait autrefois servi à l'armée : « Eh ! mon Dieu, répondit le Prélat, il n'a jamais servi : C'est le P. Berthier à qui vous parlez. » L'officier se levant alors, embrassa étroitement le savant jésuite en lui disant : « ce jour est un des plus beaux de ma vie, puisque j'ai eu le bonheur d'entendre et de serrer dans mes bras un homme aussi célèbre que vous ! Vous venez de me confirmer à n'en plus douter ce qu'on m'avait dit de votre rare mérite. »

« Que faites-vous là, monsieur? répondit le P. Berthier, en se débarrassant le mieux qu'il pût des étreintes de son enthousiaste admirateur. Qu'ai-je donc dit de si merveilleux? Je n'ai fait que répéter ce que vous autres, messieurs les gens de guerre, m'avez appris. »

Une autre fois, deux jeunes gens, chasseurs déterminés, ayant trouvé dans un coin de la bibliothèque publique un livre poudreux qui traitait de la chasse, jugèrent qu'il n'était connu d'aucun homme vivant, et que l'occasion était belle de mettre en défaut la science du P. Berthier qui avait la réputation de tout savoir et d'avoir tout lu. Ils lurent donc le livre avec attention, tâchant de bien graver dans leur esprit ce qui y était contenu, et se rendirent dans un cercle où ils savaient que devait se trouver le P. Berthier. Ayant mis la conversation sur la chasse, le savant Père qui n'avait jamais tiré un coup de fusil, en parla aussi bien qu'eux et de manière à les étonner. Ils parlent enfin de leur découverte et lui demandent s'il connait le livre qu'ils ont trouvé « Oui, messieurs, répond le P. Berthier, et aussitôt il en nomme l'auteur, l'imprimeur, cite l'année où il a été imprimé. « Et pourriez-vous, continuent les jeunes chasseurs, nous dire ce qu'il contient?

— Puisque vous le désirez, messieurs, je vais vous le dire en substance » et là dessus, il fit une analyse claire, et succinte du livre, sans rien omettre d'essentiel. Les jeunes chasseurs émerveillés avouent au savant jésuite le dessein qu'ils avaient eu de mettre sa science en défaut : « on a raison ajoutent-ils, de dire que vous êtes un homme universel, vous n'ignorez rien, vous êtes un homme merveilleux. » Que dites-vous là, messieurs ? s'écria le P. Berthier, en s'entendant adresser de pareils éloges, je suis un homme merveilleux pour avoir lu un livre que vous avez lu vous-mêmes, vous êtes donc aussi des hommes merveilleux ? »

Aussi savant, et peut-être plus érudit qu'aucun homme de son siècle, Il était en même temps le plus modeste des hommes. Sa modestie n'était pas celle d'un philosophe, c'était véritablement l'humilité du chrétien. Ses amis qui désiraient vivement avoir son portrait, ne purent jamais le déterminer à se laisser peindre, et ce ne fut que par ruse qu'un artiste habile put copier ses traits pendant que le saint prêtre était à l'autel célébrant la messe avec tout le recueillement qu'exige cette divine action.

Messieurs les Chanoines de la Métropole

essayèrent en vain d'obtenir de lui qu'il consentît à recevoir un canonicat, et comme on lui demandait de vouloir bien, au moins, se laisser nommer chanoine d'honneur, il reçut ces propositions avec un profond respect et une vive reconnaissance, mais il refusa absolument d'y condescendre. « Quand je ne serais pas, dit-il, indigne de cet honneur par moi-même, je ne pourrais cependant pas l'accepter, puisque j'ai fait vœu de renoncer à toute dignité, tant ecclésiastique que séculière.» Et quand on insistait, il représentait cet axiome . *Sœcularia secularibus, regularia regularibus.*

Son désintéressement égalait sa modestie. Le contrôleur général ayant été obligé par des raisons supérieures d'économie, de réduire quelques pensions, celle du P. Berthier fut du nombre, elle fut réduite à mille écus. Quelqu'un lui en faisant ses condoléances : « Je serais bien ingrat, répondit-il, si je me plaignais : mille écus c'est beaucoup et peut-être trop pour un pauvre religieux. » De ce modeste revenu il faisait deux parts ; la plus petite était pour lui, la plus forte pour les pauvres. Il avait pour cette classe infortunée de la société la plus tendre sollicitude conformément aux principes de la charité chrétienne.

Pendant un hiver rigoureux, quelqu'un lui

représentant qu'il devrait se procurer un manteau pour se préserver du froid auquel il était très-sensible. « Vous avez raison, répondit-il, je suis morfondu en traversant ce parvis de Saint-Etienne; mais que voulez-vous? la saison est si rigoureuse! il y a tant de pauvres! Je ne puis pas encore faire cette dépense » ; et il ne la fit jamais.

Par principe d'humilité et pour ne pas diminuer la part du pauvre, il était très simple dans sa mise, et on remarque qu'il ne portait qu'une ceinture de laine, quoique l'usage des ceintures de soie fut alors très répandu.

Dans l'exercice des fonctions de son ministère, il préférait toujours la classe pauvre à la classe aisée. Lorsqu'on venait le demander pour le confessional, il s'informait de quelle condition était la personne qui le demandait, et si on lui disait que c'était un pauvre, un ouvrier, un artisan, il partait immédiatement sans achever ce qu'il avait commencé. « Ces braves gens-là, disait-il, n'ont pas de temps à perdre ; ce serait conscience de les faire attendre. »

Dans certaines occasions, on peut dire que sa libéralité allait jusqu'à la magnificence. Un jour de grande fête où il est d'usage de faire la quête pour les pauvres, le P. Berthier se tenait pendant l'office, à genoux les bras croisés, près d'un pilier, et dans un grand recueillement, comme il avait coutume de faire, sans s'occuper de ce qui se passait autour de lui; une des quêteuses qui ne le connaissait pas, le prit pour un pauvre prêtre hors d'état de donner et s'en alla ailleurs; une seconde fit de même; mais la troisième ayant fait retentir à son oreille ces paroles qui gagnaient toujours son cœur : « Monsieur, c'est pour les pauvres. » Il sort de son application à la prière, et mettant la main à la poche, il en tire un écu de six livres qu'il jette dans la bourse de la quêteuse. Un peu surprise, mais très heureuse, elle va trouver les autres dames pour leur faire part de sa bonne fortune, celles-ci se reprochant leur discrétion, reviennent sur leurs pas et chacune, à son tour, demande : *pour les pauvres* au P. Berthier qui leur donne à toutes la même somme. On le plaisanta dans la journée, sur cette bonne action qui ne tarda pas à être connue : « Prenez garde, messieurs, répondit-il, que cela se doit : nous devons tous, autant qu'il est en nous, contribuer à la bonne œuvre que ces dames veulent bien faire. Elles prennent je vous assure, beaucoup de peine en quêtant ainsi pour les pauvres : il est bien juste de leur montrer que leur charité n'est pas infructueuse, puisque c'est la seule charité qu'elles puissent recevoir de nous. Quand on pense d'ailleurs, au noble et saint emploi qu'elles font de l'argent que nous leur remettons, comment ne s'empresserait-on pas de leur donner le plus qu'on peut ? »

On pourrait citer bien d'autres traits en preuve de la charité du P. Berthier à l'égard des pauvres? Qu'il suffise de dire qu'en tous les événements qui lui arrivaient, sa première pensée était pour Dieu, et la seconde pour les malheureux ; c'est le témoignage que rendent à sa mémoire tous ceux qui l'ont connu.

On eut une nouvelle preuve de cette disposition habituelle de son âme, l'année même, et peu de jours avant qu'il mourut. Le 9 décembre 1782, il reçut la nouvelle que l'assemblée du clergé lui avait accordé par acclamation, et sans qu'il eût pensé, en aucune manière, à la solliciter, une pension de mille livres. Il se répandit d'abord en actions de grâces envers la Providence, qui avait inspiré à Nos Seigneurs les Evêques la pensée de lui faire un honneur dont, disait-il, il était si peu digne; faisant, ensuite, un retour sur les pauvres, il ajouta : « Dans le fond, je n'ai pas besoin de cette pension, mais les pauvres y trouveront leur compte. »

Malheureusement ce secours arrivait bien tard. Deux jours après, c'est-à-dire le 11 décembre, le P. Berthier s'étant, à son ordinaire, levé de grand matin, et lorsque la nuit était encore très-obscure, voulut aller, sans lumière, chercher du bois qu'il savait être sur l'escalier ; le pied lui manqua, et il tomba de toute sa hauteur sur les marches. On accourut au bruit de sa chute et après l'avoir relevé, on le transporta dans sa chambre. La tête avait porté d'une manière violente, elle était couverte de contusions et de blessures. Tandis que les personnes présentes laissaient voir leurs inquiétudes, lui seul était calme. « Vous voyez bien, disait-il paisiblement, que je pouvais et que je devais même être tué de ce coup; Dieu m'a préservé parce qu'il veut me donner le temps de me préparer à la mort. Je vous en remercie, mon Dieu, je vous en remercie de tout mon cœur. »

Dès ce moment, abandonnant son corps aux médecins, il ne s'occupa plus que des choses du ciel. Sa prière était continuelle ; il se plaisait surtout à réciter des psaumes, dont il avait si souvent fait l'objet de ses études, et dont il comprenait si bien l'esprit. On craignait que cette contention ne redoublât ses douleurs et n'augmentât son mal ; à l'observation qu'on lui en fit : « La prière, répondit-il, est la vie des prêtres, et surtout d'un prêtre mourant. »

Le 12, il demanda les derniers sacrements et voulut les recevoir à jeun. Songeant à tout, il recommanda qu'on ne dérangeât point l'heure, dont on était convenu avec le curé de sa paroisse. Celui-ci arriva au temps marqué et voulut essayer de prononcer devant le malade quelques paroles d'édification, mais il fut si édifié, comme il le racontait lui-même, de ce que le P. Berthier lui disait, qu'il n'eut garde de l'interrompre. « Il n'appartenait plus à la terre, disait-il, ses paroles étaient celles d'un ange : il accompagnait à haute voix, chaque onction qui lui était faite, de réflexions si pieuses, qu'on en était ému, attendri jusqu'au fond de l'âme. »

Dans le cours de sa maladie Mgr de Phélipeaux, Archevêque de Bourges, l'honora de plusieurs visites, et chaque fois le P. Berthier lui en témoigna sa reconnaissance dans les termes les plus respectueux. La dernière fois que le prélat vint le voir, il lui trouva la tête embarrassée et crut n'en être pas reconnu. On lui demanda s'il ne reconnaissait pas son Archevêque ; il retrouva aussitôt toute sa reconnaissance et toutes ses forces pour recommander une bonnu œuvre à ce prélat dont il connaissait la charité.

Dans les beaux jours de sa santé, le P. Berthier avait, en quelque sorte, adopté un jeune homme entièrement dépourvu des biens de la fortune ; il l'avait initié dans toutes les sciences, et en particulier dans l'étude du grec et de l'hébreu. Ce fut pour ce jeune homme qu'il sollicita, en mourant, les bontés de l'archevêque, auprès duquel la recommandation faite par un tel homme et dans de telles circonstances eut tout l'effet qu'elle pouvait avoir. Le prélat s'empressa de donner au jeune protégé du moribond une place qui le mit à l'abri du besoin; et le jeune homme devint, par la suite, un des ecclésiastiques les plus distingués du diocèse.

Dans la nuit qui suivit la dernière visite de Mgr de Phélipeaux, le P. Berthier se trouva au plus mal : il n'en était pas moins appliqué à la prière, et écoutait avec grande attention tout ce qu'on lui disait d'édifiant. Quelquefois, la douleur lui arrachait des plaintes ; et alors il disait avec la plus touchante résignation : « Tant mieux, mon Dieu, tant mieux ! je vous remercie de tout ce que je souffre. »

Enfin, à deux heures de la nuit, il parut perdre

connaissance, et à trois heures du matin, il expira paisiblement.

Lorsque le son des cloches annonça la perte qu'on venait de faire, on s'empressa de rendre aux restes du P. Berthier, les honneurs qu'il avait refusés durant sa vie. Messieurs les chanoines convinrent de lui donner une sépulture dans l'église métropolitaine, après avoir obtenu à cet effet, l'agrément du curé de St-Jean-le-Vieil, sur la paroisse duquel le P. Berthier était mort. Le pasteur donna avec joie son consentement.

Muni de la délibération du Chapitre, M. de Bengy, doyen de Saint-Etienne, se rendit à l'Archevêché. Dès que l'Archevêque, qui ignorait ce qui s'était passé, l'aperçut, il lui dit : « Vous m'obligeriez infiniment, si vous vouliez engager MM. les Chanoines à permettre que le P. Berthier soit inhumé dans l'église métropolitaine. » — « Monseigneur, lui répondit le doyen, nous avons prévenu vos désirs : je vous apporte la délibération, afin que vous ayez la bonté de la sanctionner. »

Le corps fut donc porté à Saint-Etienne et déposé dans la deuxième chapelle à gauche en entrant par la porte principale. Au-dessus on plaça une table de marbre noir, sur laquelle on grava son épitaphe. Le célèbre P. Brotier, de l'Académie royale des inscriptions et belles-lettres, l'un des plus anciens et des plus savants confrères du P. Berthier, se chargea de la composer. En voici le texte suivi d'une traduction fidèle :

Deo immortali sacrum.
Hic jacet Guillelmus franc. Berthier
Sacerdos, patriâ exoldunensis,
Societatem Jesu ingressus anno M.DCC.XVII.
Vitam egit morum candore, virtutum splendore,
litterarum et doctrinæ fama
Tuendæ religionis studio clarissimam.
Bibliothecæ regis custos,
Institutioni Ludovici XVI
Regis christianissimi
additus anno M.DCC.LXII,
in aula vixit modeste ac religiose,
Suprema vitæ tempora
uni Deo et Christianæ pietatis,
Charitatisque officiis impendit;
annos æternos
assiduâ meditatione reputans
obiit die XV decembris anno M.DCC.LXXXII.
ætatis suæ LXXVIII.
Civis, optimus, hoc in templo,
Cum publico urbis luctu,
decreto capituli, tumulatus est,

virtutis exemplum et incitamentum.

Beati mortui qui in Domino moriuntur (Apoc. XIV 13).

Au Dieu immortel.
Ici repose Guillaume-François Berthier
prêtre, né à Issoudun
Entré dans la Compagnie de Jésus en 1722
Il se distingua par la simplicité de ses mœurs, l'éclat de ses vertus,
ses connaissances littéraires, son érudition
son zèle pour la défense de la religion.
Nommé en 1762 garde de la bibliothèque du Roi
et adjoint à l'éducation du roi très-chrétien Louis XVI
il édifia la Cour par sa modestie et sa piété.
Les derniers moments de sa vie ont tous été consacrés
à Dieu et à des œuvres de piété et de charité
et à la méditation des années éternelles.
Il mourut le 15 décembre 1782
à l'âge de 78 ans, pleuré de toute la ville.
En vertu d'une délibération du Chapitre, cet excellent citoyen
a été inhumé dans ce temple
pour y servir à jamais de modèle et d'encouragement à la vertu.
Heureux les morts qui meurent dans le Seigneur.
(Apoc. XIV. 13).

« Cette épitaphe avait été enlevée en 1793 ; mais M. l'abbé de Vauverte, un des neveux du P. Berthier, chanoine et archidiacre de Sancerre, la racheta de celui qui l'avait soustraite de l'église de Bourges, et la fit replacer au même endroit où elle était auparavant. Les cendres de ce savant si vertueux et si respectable, aussi cher aux lettres qu'à l'Eglise par ses immortels ouvrages et par le souvenir de ses vertus, furent profanées, dispersées même à cette époque épouvantable de 1793, ainsi que celles de toutes les autres personnes qui reposaient dans le caveau funéraire de cette chapelle, qui furent exhumées parce que les violateurs des tombeaux en enlevèrent tous les cercueils de plomb. » (Romelot : *Description historique et monumentale de l'église... métrop. de Bourges* p. 163-164.)

Le P. Berthier a beaucoup écrit mais, malheureusement, plusieurs de ses ouvrages ne nous sont pas parvenus. Après sa mort, tous ses papiers ainsi que sa bibliothèque, dont beaucoup de volumes étaient annotés de sa main, passèrent à son frère. Après la mort de celui-ci, la succession échut à M. l'abbé Guindan. M. Guindan étant mort presque subitement à Issoudun, une dame de Bourges se trouva son héritière. Elle se rendit à Issoudun pour recueillir la succession, accompagnée d'un avoué plus versé sans doute dans la procédure judiciaire que dans les sciences et les belles-lettres. Les manuscrits furent vendus à des épiciers, les livres furent donnés les uns au poids, les autres à vil prix aux premiers acquéreurs qui se présentèrent. On ne saurait trop déplorer cet acte de vandalisme.

Parmi les manuscrits dont nous avons à déplorer la perte, il faut mettre :

1° De savantes notes dont le P. Berthier accompagnait la plupart de ses lectures, et qui étaient le fruit de ses méditations.

2° Les cahiers de logique qu'il avait composés pour ses écoliers. Au témoignage de ceux qui les avaient lus, ils étaient non-seulement écrits avec élégance et clarté, mais très-propres à former l'esprit des jeunes gens ; à leur apprendre l'art de discerner le vrai du faux et à asseoir leurs convictions sur les points fondamentaux qui servent de base à la religion et à la morale.

3° Les cahiers également composés pour ses écoliers de théologie.

4° Les divers écrits relatifs à l'éducation des Enfants de France, et notamment à celle de l'héritier présomptif de la Couronne.

5° Nous avons à regretter, parmi les manuscrits du P. Berthier, les volumes qu'il pouvait avoir ajoutés au tome dix-huitième de l'*Histoire de l'Eglise gallicane*. Il n'est pas possible de dire en quel nombre étaient ces volumes; mais il est très certain que plusieurs personnes ont vu chez lui, lorsqu'il vivait, le dix-neuvième volume de cette histoire, entièrement terminé et prêt à mettre sous presse.

Quant aux ouvrages imprimés, les uns parurent du vivant de l'auteur, les autres après sa mort.

Nous ne ferons que mentionner le savant mémoire qui fut fait par le P. Berthier à l'occasion du débat élevé entre le coadjuteur de Reims et l'évêque de Soissons (nous en avons dit un mot plus haut), publié sans la participation de l'auteur et n'ayant pour objet qu'une question sans intérêt pour le public, il n'a pas été répandu ni reproduit.

Le travail sur l'histoire de l'Eglise en France est d'un tout autre intérêt. Le P. Berthier, reprenant la suite de l'*Histoire de l'Eglise gallicane*, commencée par les PP. Longueval, Fontenai et Brumoy, en composa six volumes qui furent et sont encore très appréciés. L'abbé Batteux, auteur des *Trois siècles littéraires*, critique sévère mais judicieux, a porté sur cet ouvrage le jugement suivant :

« La continuation de l'*Histoire de l'Eglise gallicane* est d'une sagacité, d'une critique, d'une modération, d'une netteté de style et d'une élégance peu communes. Tout y est déduit et discuté avec une noble aisance qui, en faisant disparaître la gêne du travail, annonce les connaissances les plus étendues, et la plume la mieux exercée. »

Après l'*Histoire de l'Eglise gallicane*, nous pouvons donner comme l'œuvre du P. Berthier tous les volumes du *Journal de Trévoux* qui parurent depuis 1745, jusqu'en mai 1762. Ce n'est pas qu'il ait tout écrit, mais outre qu'il avait la surveillance de la rédaction, il n'y a pas un volume qui ne renferme quelque article de sa main.

L'auteur que nous citions tout à l'heure s'exprime ainsi, quand il parle de la part que le P. Berthier prit à la direction et à la rédaction du *Journal de Trévoux* :

« Le *Journal de Trévoux*, dit-il, n'a jamais été plus intéressant, ni plus utile, que quand le P. Berthier y a travaillé. Il a su répandre dans les différents extraits qu'il a composés, une sagesse de critique, une pureté de goût, une érudition qu'il serait à souhaiter de voir subsister dans tous les journaux. Sa pénétration à démêler les piéges de l'incrédulité, son courage à les mettre au grand jour, son habileté à en parer les coups, lui ont attiré les sarcasmes de ces prétendus esprits forts du siècle ; mais il a fait voir par ses lumières, autant que par sa modération, combien il est facile d'être supérieur à leurs manéges, à leurs attaques et à leurs insultes. »

Après la mort du P. Berthier, on fit imprimer quatre ouvrages sortis de sa plume et restés inédits.

Le premier a pour objet les psaumes, il parut en 8 volumes à Paris en 1785, réimprimé en 1788, 5 vol. in-12, sans notes.

Dans un court préambule, l'auteur explique à quelle occasion le psaume qu'il va traduire a été composé. Il transcrit ensuite un, deux ou trois versets, à côté desquels il met sa traduction.

Dans une note qui suit, il compare sa version, pour en montrer l'exactitude, avec le texte hébreu et les autres versions anciennes.

A la suite de la note, vient une explication, ou,

si l'on veut, des réflexions morales qui font entrer le lecteur dans le sens du psaume et lui fournissent d'amples sujets d'admiration et d'édification.

Le second ouvrage intitulé : *Isaïe, traduit en français avec des réflexions et des notes*, est sur le même plan que le précédent : il se compose de 5 vol. in-12

Ces deux ouvrages ont été plusieurs fois réimprimés et peuvent être lus avec beaucoup de fruit.

Cependant, au point de vue philologique, les hébraïsants font leurs réserves.

Le troisième ouvrage a été publié par les éditeurs, sous le titre de : *Réflexions spirituelles* ; il se compose de sujets divers. On y trouve des réflexions sur la 1re épître aux Corinthiens, des lettres adressées à des personnes de piété, des retraites, des méditations. Ces différentes pièces forment 5 vol. in-12.

Enfin, on a publié du P. Berthier des réflexions sur le contrat social de J.-J. Rousseau, un in-12. Mais ce ne sont que des notes décousues qui échappaient à la plume du P. Berthier, à mesure qu'il avançait dans la lecture de cet ouvrage. Ceux qui les recueillirent les trouvèrent éparses sur divers lambeaux de papier, l'auteur n'avait eu le temps ni de les relire, ni de les lier, ni de composer une critique suivie. On eût peut-être aussi bien fait de ne pas les imprimer.

Telles sont les productions dont le P. Berthier a enrichi la littérature et la religion. Elles sont toutes graves, sérieuses et utiles.

C'est donc à bon droit que le Berry se fait honneur d'avoir donné naissance au savant et saint religieux dont nous venons de tracer la biographie

FIN

ERRATUM : A la 21e ligne de la page 20, au lieu de : finissait en l'an **1629**, il faut lire : **1559**.

Bourges, imp. Marguerith-Dupré, r. des Vieilles-Prisons, 2.

www.ingramcontent.com/pod-product-compliance
Ingram Content Group UK Ltd.
Pitfield, Milton Keynes, MK11 3LW, UK
UKHW021016180726
13838UKWH00004B/1554

9 782329 407920